Videosprachkurs für Wirtschaftsdeutsch

Kontakt Deutsch

Kursbuch von
Roman Schatz und
Tuula Pantzar

Neue Kontakte

LANGENSCHEIDT
Berlin · München · Wien · Zürich · New York

YLE

IMPRESSUM

Für die finnische Originalausgabe:

Autoren: Roman Schatz, Tuula Pantzar

Umschlagsgestaltung: Pekka Niemi/Aatos Oy

Illustrationen: Arto Nyyssönen/Aatos Oy

Produktion der Fernsehserie: Yleisradio/Finnischer Rundfunk TV1/Bildungsprogramme

in Koproduktion mit: Deutsche Welle TV, Köln
TransTel, Köln
Dänisches Fernsehen, Kopenhagen
Norwegisches Fernsehen, Oslo
Irisches Fernsehen, Dublin
Tschechisches Fernsehen, Prag

Fotos:

Keijo Reini	*TV: 30, 36, 40 o, 41, 50*
Ilkka Jaakola	*4 ul, 6, 10*
Marja Jaakola	*4 ur, 39, 46*
Seppo Sarkkinen/YLE	*24, 25*
Marc Grewe	*40 u*
KölnMesse	*4 o*

Grafik: Pekka Niemi/Aatos Oy

Für die internationale Ausgabe:

Neue Kontakte ist eine Gemeinschaftsproduktion von YLE/Finnish Broadcasting Company, Helsinki und dem Langenscheidt Verlag, Berlin und München

Redaktion: Hans-Heinrich Rohrer

Dieses Kurspaket **Neue Kontakte** besteht aus:

Kursbuch		3-468-**90550**-5
Redemittelbuch		3-468-**90521**-1
Videocassette	**PAL**	3-468-**90552**-1
	NTSC	3-468-**90553**-X
	SECAM	3-468-**90554**-8

Für den Kurs **Kontakt Deutsch** sind lieferbar:

Kursbuch		3-468-**90520**-3
Redemittelbuch	(wie oben)	3-468-**90521**-1
Supplement Grammar and English Glossary	(Beiheft)	3-468-**90522**-X
Suplemento Gramática y Vocabulario Español	(Beiheft)	3-468-**90523**-8
Audiocassette		3-468-**90525**-4
Videocassette	**1 PAL**	3-468-**90530**-0
	2 PAL	3-468-**90531**-9
	1 NTSC	3-468-**90532**-7
	2 NTSC	3-468-**90533**-5
	1 SECAM	3-468-**90534**-3
	2 SECAM	3-468-**90535**-1
CD-ROM für PC	in Vorb.	3-468-**90536**-X
CD-ROM für Mac	in Vorb.	3-468-**90537**-8

Umwelthinweis: Gedruckt auf chlorfrei gebleichtem Papier

Druck:	5.	4.	3.	2.	1.
Jahr:	02	01	2000	99	98

Druck: Druckhaus Langenscheidt, Berlin   Printed in Germany   **ISBN 3-468-90550-5**

Langenscheidt in Zusammenarbeit mit **DEUTSCHE WELLE**:

Den **Videosprachkurs für Wirtschaftsdeutsch** können Sie auch über die **Deutsche Welle** empfangen.

DW

IHR PROGRAMM AUS DEUTSCHLAND

INFORMATION UND MEHR

Deutsche Welle tv rund um die Uhr
in Deutsch, Englisch, Spanisch
weltweit über Satellit

Deutsche Welle radio
in Deutsch und 38 Fremdsprachen
über Kurzwelle und Satellit

Informationsorientierte Programme
- Nachrichten und Magazine
- Dokumentationen und Features aus Politik, Wirtschaft, Kultur, Sport

Nähere Informationen zu Programmen und Empfangsmöglichkeiten:

DEUTSCHE WELLE
Raderberggürtel 50
50968 Köln
Tel.: 02 21-3 89-25 00
Fax: 02 21-3 89-25 10
Internet:
http://www.dwelle.de

Kontakt Deutsch

Neue Kontakte

DW Langenscheidt L YLE

Tagungen
Verhandlungen
Sitzungen
CLUB DER LGB FREUNDE RHEIN/SIEG
INFORMATION
EISENBAHNFREUNDE KA
H 9

Inhaltsverzeichnis

? ? Köln Messe ? ?
4-14
Köln Messe

Liebe Leserin, lieber Leser,

Kontakt Deutsch – Neue Kontakte ist ein Deutschkurs für Personen, die im Rahmen ihrer Arbeit deutschsprachige Partner treffen und persönliche Kontakte zu ihnen pflegen. Dieser Kurs ist die Fortsetzung des 10-teiligen *Kontakt Deutsch*-Kurses, der vom Finnischen Rundfunk Yleisradio produziert und von einem halben Dutzend europäischer Fernsehanstalten koproduziert wurde. *Kontakt Deutsch – Neue Kontakte* kann aber auch als eigenständiger Kurs benutzt werden, die Kenntnis des ersten Kurses wird nicht vorausgesetzt.

Kontakt Deutsch – Neue Kontakte behandelt die Themen Tagungen, Sitzungen und Verhandlungen. Zielgruppe sind außer Geschäftsleuten auch Wissenschaftler, Angestellte des öffentlichen Dienstes, Politiker und alle, die an deutschsprachigen Konferenzen, Sitzungen oder Verhandlungen teilnehmen. Dieser Kurs wendet sich an fortgeschrittene Lerner – wenn Sie mit Kontakt Deutsch arbeiten wollen, sollten Sie also schon relativ gut Deutsch können. Kenntnisse etwa auf der Höhe des Zertifikats Deutsch als Fremdsprache werden vorausgesetzt. Das Material eignet sich auch für die Vorbereitung auf das 'Zertifikat Deutsch für den Beruf' und die 'Prüfung Wirtschaftsdeutsch International'.

Dieser Kurs besteht aus drei Komponenten:
- aus den drei Sprachlehrfilmen
- aus dem Kontakt Deutsch – Redemittelbuch mit über 1000 nützlichen Redewendungen
- aus diesem Kursbuch.

Die Sprachfilme wurden in Köln und im Ruhrgebiet gedreht. In den Hauptrollen sehen Sie Frauen und Männer, die Verhandlungen führen und an Konferenzen und formellen sowie weniger formellen Sitzungen teilnehmen. Auf diesen authentischen Situationen basieren auch die meisten Dialoge und Übungen in diesem Buch.

Hinweis: In diesem Buch sowie im Redemittelbuch ist die Rechtschreibreform berücksichtigt.

Filmserie und Kursbuch

Das Buch und die Filmfolgen behandeln dieselben Themen, sind aber inhaltlich nicht identisch, denn die Schwerpunkte und Blickwinkel unterscheiden sich. Filmfolgen und Buch ergänzen sich gegenseitig. Sowohl die Kapitel im Buch als auch die Filmfolgen bestehen aus jeweils zwei Teilen: einem Sprachkursteil und einem Kulturkundeteil.

KURSBUCH	**FILMSERIE**

Sprachkurs

Das jeweilige Thema wird vielseitig behandelt

Kursbuch:

- die Kerndialoge zeigen grundlegende Situationen
- die *kommunikativen Übungen* aktivieren das eigene Sprechen
- *Schriftliche Übungen* helfen, für die jeweilige Situation die passenden Ausdrücke zu finden

Filmserie:

- das *Menu* stellt die Lernziele vor
- die *Schlüsselrepliken* heben zentrale Sprechfunktionen hervor
- eine *Palette von Situationen* zeigt verschiedene Variationen zum Thema in authentischen Rahmen

Kulturkunde

Die drei Filmfolgen bieten tiefere Einblicke in die Arbeits- und Kommunikationskultur der deutschsprachigen Länder mit besonderen Tipps zu den Themen Höflichkeit, Hierarchie am Arbeitsplatz und Argumentationstechnik für Verhandlungen. Sie sehen Muttersprachler, die sich am eigenen Arbeitsplatz und Lebensort selbst spielen. Sprache, Körpersprache, Gestik und die kleinen Rituale sind also nicht wie bei professionellen Schauspielern eingeübt, sondern authentisch. Besuchen Sie einen Tierschutzverein in Witten und die Chefetage der Lufthansa, eine Motorradhandlung in Hattingen, eine Verkehrsinsel im Stau, das deutsche Hauptquartier eines Getränkeherstellers in Essen, das größte Krankenhaus in Köln, eine Hochzeit, ein Fußballspiel, eine Baustelle, einen Frauenkreis in Bochum, die Verkehrsleitzentrale Köln, ein Symposium über Katamarane in Düsseldorf und die Jahrestagung des Schaustellerverbandes in Münster.

Aspekte. Was fällt Ihnen in der TV-Reportage auf? Vergleiche mit der eigenen Kultur und dem eigenen Erfahrungsbereich sind immer interessant und schärfen die Sinne für kulturelle Unterschiede.

Die *Reportage* beleuchtet in komprimierter Form wichtige Aspekte der Kommunikation im Arbeitsleben.

Symbole

Im Zusammenhang mit den Übungen und Aufgaben werden folgende Symbole verwendet:

Rede-mittel-buch Benutzen Sie das Redemittelbuch, um passende Wendungen zu finden. Noch besser ist natürlich, wenn Sie nicht nur im Buch nachsehen, sondern sich selbst mögliche Redemittel ausdenken und ausprobieren.

Lö-sungs-teil Am Ende des Buches ist ein Lösungsteil, wo sie die richtigen Lösungen für alle eindeutig lösbaren Aufgaben finden.

Tipps für Selbstlerner

Das Kursbuch enthält viele Aufgaben, die in erster Linie für Partnerarbeit konzipiert sind. Lassen Sie diese Aufgaben trotzdem nicht aus. Rollenspiele kann man auch mit sich selbst spielen. Machen Sie Notizen für beide Rollen und lassen Sie Ihrem Spieltrieb freien Lauf!

In diesem Kurs geht es um mündliche Kommunikation. Sprechen Sie sich so viel wie möglich laut vor. Auch die schriftlichen Aufgaben sollten Sie sich laut vorlesen.

TV-Tipps

Die Filmfolgen sind Einführungen in die jeweiligen Themenbereiche. Sie geben einen Überblick, aber sie lenken auch die Aufmerksamkeit auf das Wesentliche. Man sollte die Folgen nach Möglichkeit mehrmals ansehen, stückweise und als Ganzes, vor allem aber beim Abschluss eines Themenbereiches. Bei jedem Ansehen verstehen Sie mehr, lernen Sie neue Redewendungen, finden Sie neue Details sowohl in der Sprache als auch in der non-verbalen Kommunikation.

Nur wer spricht, lernt Sprechen!

1. Tagungen

Jede Branche hat Ihre Tagungen, Konferenzen und Kongresse. Ob es die Umweltschützer sind, die Kommunalpolitiker, die Zahnärzte oder die Fotografen, man trifft sich in regelmäßigen Abständen, um Erfahrungen auszutauschen, Neues zu lernen und Kollegen und Kolleginnen zu treffen.

Um von einem solchen Treffen den größtmöglichen Nutzen zu haben, muss man sich aktiv beteiligen. Die offiziellen Diskussionen mit den anderen Teilnehmern erweitern den beruflichen Horizont und die kleinen Gespräche während der Pausen sind oft sogar noch wichtiger. Und es kann natürlich auch vorkommen, dass man bei einer Konferenz selbst einen Vortrag halten oder die Diskussion leiten muss. Die folgenden Übungen helfen Ihnen, sich auf solche Situationen vorzubereiten. Behandelt werden die folgenden Themen:

- Eröffnung und Begrüßung
- Programm, Programmänderungen
- Redner vorstellen
- Vortrag halten
- Eröffnung der Diskussion
- Verlauf der Diskussion
- Abschluss

WER STELLT WEN WEM WANN WIE VOR?

Siezen ist wichtig im deutschsprachigen Raum. Ein Grund dafür mag die recht hohe Bevölkerungsdichte sein, wo man sich Distanz in der verbalen Kommunikation verschafft, weil man sie geographisch nicht hat. Siezen ist für Deutsche ganz einfach, für Vertreter anderer Kulturen aber manchmal schwer. Hier sind die ungefähren Spielregeln des Siezens:

Wer sagt Du?

Verwandte, Freunde, Studenten, Kinder und Jugendliche zueinander, Erwachsene zu Kindern und Jugendlichen

Wer sagt Sie?

Erwachsene zueinander, Kinder und Jugendliche zu Erwachsenen (außer Freunden und Verwandten)

Mehrere Leute, zu denen man einzeln *du* sagt, spricht man mit *ihr* an. Mehrere Personen, zu denen man einzeln *Sie* sagt, spricht man mit *Sie* an. Im Zweifelsfall ist es besser, *Sie* zu sagen.

Personen, die sich siezen, reden sich mit *Herr* + Nachnamen oder *Frau* + Nachnamen an. Wenn jemand akademische Titel hat, verwendet man nur den höchsten (z.B. *Frau Professor*, *Herr Doktor*).

Wichtig: Die Anrede *Fräulein* ist out! Normalerweise werden alle Damen mit *Frau* + Nachnamen angesprochen.

Man gibt sich im allgemeinen bei jeder Begrüßung die Hand. Die Dame reicht dem Herrn die Hand. Eine wesentlich ältere Person reicht der jüngeren die Hand. Die Person, die in der Betriebshierarchie höher steht, reicht (unabhängig von Geschlecht und Alter) als erste die Hand. Bei beruflichen Kontakten ist es teilweise üblich, Visitenkarten auszutauschen.

So stellt man sich vor:
- Manfred Bär.
- Bär.
- Ich bin Manfred Bär.
- Ich heisse Manfred Bär.
- Mein Name ist Bär.

Beim Bekanntmachen stellt man
- der Frau den Mann vor
- der älteren Person die jüngere Person vor
- der ranghöheren Person
die rangniedrigere Person vor
(unabhängig vom Geschlecht).

1. Registrierung

Welches Wort passt in die Lücke? Bilden Sie die passende Form.

TeilnehmerIn: Guten Tag, ich möchte ______________, mein Name ist Woyzeck.

TagungshelferIn: ______________, ich finde Ihren Namen nirgends. Würden Sie ______________ bitte in die Teilnehmerliste ______________ und das Anmeldeformular ______________ ?

TeilnehmerIn: ______________ Sie, aber mein Name steht schon hier auf der Liste. Sie haben ihn nur ______________.

TagungshelferIn: Ja, wirklich, hier steht es ja: W-O-Y-Z-E-C-K. Sie ______________ die Karten für die Stadtrundfahrt im Tagungsbüro.

TeilnehmerIn: Wie lange ______________ das Tagungsbüro ______________?

TagungshelferIn: Bis 17 Uhr.

TeilnehmerIn: Ich habe noch ein Problem. Kann man bei Ihnen den tragbaren Computer direkt an den Videoprojektor anschließen? Ich muss einen Vortrag halten. An wen kann ich ______________ da ______________?

TagungshelferIn: An Frau Karstens, hier gleich nebenan.

TeilnehmerIn: Eine Frage noch. Wo ______________ der Vortrag über Gewässerschutz ______________?

TagungshelferIn: In Raum 314.

ausfüllen – leid tun – entschuldigen – sich wenden – sich eintragen – statt/finden – erhalten – sich anmelden – geöffnet sein – falsch schreiben

Redemittelbuch

2. Rollenspiel

Wählen Sie mit Ihrem Partner eine der beiden Rollen. Bereiten Sie Ihre Rollen vor:

- Schlagen Sie passende Wendungen im Redemittelbuch nach.
- Machen Sie kurze Notizen auf den leeren Zeilen.
- Spielen Sie die Situationen mit Ihrem Partner.
- Tauschen Sie dann die Rollen.

Im Kongresszentrum, am Infostand

BesucherIn:

Sie stellen sich vor und melden sich zum Kongress an.

Sie bedanken sich und fragen, wo und wann die Abschlussveranstaltung stattfindet.

Bedanken Sie sich.

Ihnen fällt gerade noch etwas ein... Sie müssen wissen, ob der Videoprojektor im Auditorium Kassetten Ihres heimischen Formats abspielt.

Fragen Sie, wo die Fächer sind.

RezeptionistIn:

Sie heißen den Besucher/die Besucherin herzlich willkommen und geben ihm/ihr das Veranstaltungsprogramm des Kongresses.

Beantworten Sie die Frage. Geben Sie dem Besucher/der Besucherin den Teilnehmerausweis.

Wünschen Sie dem Besucher/der Besucherin einen interessanten Kongress und machen Sie ihn/sie darauf aufmerksam, dass Mobiltelefone in den Veranstaltungsräumen abgeschaltet sein müssen.

Bieten Sie an, das herauszufinden und dem Besucher/der Besucherin eine Notiz ins Fach zu legen.

Beantworten Sie die Frage.

Aktentasche

Hier haben Sie eine ‚Aktentasche' voll von Repliken, die Sie bei einer Konferenz oder einer Tagung brauchen können.

a)
Ich wollte meine Tagungsunterlagen abholen. – Würden Sie bitte das Anmeldeformular ausfüllen?

b)
Diese Grafik soll den Zusammenhang veranschaulichen.
– Lassen Sie mich mit einigen Bemerkungen über die finanzielle Lage beginnen.
– Vielen Dank für diesen interessanten Bericht. Hat jemand Fragen dazu?

c)
Ich muss die Diskussion jetzt leider abbrechen, damit wir einigermaßen im Zeitplan bleiben.
– Ich bitte um Wortmeldungen zu diesem Thema.

d)
Unsere nächste Rednerin ist Frau Wiese. Bitte sehr, Frau Wiese. – Herzlichen Dank, Herr Vorsitzender.
– Im Namen der Veranstalter heiße ich Sie alle herzlich zu dieser Konferenz willkommen.

e)
Ich möchte an das anknüpfen, was Herr Freud über Schuldgefühle gesagt hat.
– Damit ist unser Seminar beendet. Ich wünsche Ihnen allen eine gute Heimreise.

3. Was sagen die Personen?

Füllen Sie mit Ihrem Partner die Sprechblasen aus. Benutzen Sie Redemittel aus der ‚Aktentasche'.

4. Was würden Sie sagen?

Redemittelbuch

Schlagen Sie im Redemittelbuch nach.

a) Sie eröffnen die neunte Konferenz für Papierforschung. Die Konferenz hatte noch nie vorher so viele Teilnehmer.

b) Geben Sie eine kleine Änderung im Programm bekannt. Die Podiumsdiskussion beginnt eine Stunde früher, als in den gedruckten Programmen steht.

c) Professor Bütten hält einen Vortrag über die Geschichte des Papiers. Stellen Sie ihn dem Publikum vor und geben Sie ihm das Wort.

d) Danken Sie dem Professor für seinen interessanten Vortrag und eröffnen Sie die Publikumsdiskussion.

e) Die Konferenz ist im Verzug mit dem Zeitplan. Machen Sie das Publikum darauf aufmerksam und kürzen Sie die Diskussion ab.

Redemittelbuch

5. Vortrag

Sie sollen auf der Tagung für interkulturellen Humor einen Vortrag halten. Bereiten Sie Ihren Vortrag vor. Suchen Sie im Redemittelbuch nach passenden Wendungen und machen Sie Notizen.

- Beginnen Sie Ihren Vortrag mit Ihrem Lieblingswitz. Seien Sie vorsichtig, verschiedene Kulturen haben verschiedenen Humor! Achten Sie darauf, dass Ihr Witz niemanden verletzt.
- Gliedern Sie Ihren Vortrag in drei Teile: Einleitung, Hauptteil, Schluss.
- Erfinden Sie passende Überleitungen, wenn Sie das Thema wechseln.
- Entschuldigen Sie sich für kleinere Probleme mit der audiovisuellen Technik im Tagungssaal.
- Stellen Sie Bezüge zu Ihrem Vorredner und zum Tagungsort her.
- Beschließen Sie Ihren Vortrag mit einem Zitat und danken Sie dem Publikum für seine Aufmerksamkeit.

6. Rollenspiel

Wählen Sie mit Ihrem Partner eine der beiden Rollen. Bereiten Sie Ihre Rollen vor:
- Schlagen Sie passende Wendungen im Redemittelbuch nach.
- Machen Sie kurze Notizen auf den leeren Zeilen.
- Spielen Sie die Situationen mit Ihrem Partner.
- Tauschen Sie dann die Rollen.

Sie haben gerade einen Vortrag gehört/gehalten:

Der/die Vortragende:

Fordert auf, jetzt Fragen zu stellen.

Der/die FragerIn:

Bedankt sich für den interessanten Vortrag, ist mit den Schlussfolgerungen des/der Vortragenden nicht ganz einverstanden, weil...

Der/die Vortragende:

Bedankt sich für die interessante Anmerkung, meint aber, dass es zu weit führen würde, hier auf Einzelheiten einzugehen.

Der/die FragerIn:

Lässt nicht locker, meint, dass die statistischen Angaben, die der/die Vortragende verwendet hat, wohl veraltet sind.

Der/die Vortragende:

Gibt zu, dass die Zahlen vom letzten Jahr sind, dass aber die neuesten Zahlen noch nicht verfügbar sind.

Der/die FragerIn:

Gibt zu bedenken, dass die Situation sich innerhalb eines Jahres bestimmt stark geändert hat, zieht die Argumente des/der Vortragenden in Zweifel.

Der/die Vortragende:

Weist auf Zeitmangel hin und schlägt vor, die Diskussion zu zweit während der Kaffeepause fortzusetzen.

Der/die FragerIn:

Geht auf den Vorschlag ein.

Sie sind Professor Li Pang und bekommen folgendes Telefax:

RUPRECHT-KARLS-UNIVERSITÄT HEIDELBERG

TELEFAX

Sehr geehrter Herr Professor Li Pang,

wir möchten Sie hiermit herzlich zum diesjährigen internationalen Symposium der Sinologen in Heidelberg einladen. Das Symposium findet vom 12. bis 16. Mai statt. Wir hoffen, dass Sie auch diesmal bereit sind, unser Programm mit einem Vortrag zu bereichern. Da derzeit das Thema "Wirtschaftsbeziehungen zwischen der Bundesrepublik Deutschland und Hongkong nach 1999" besonders aktuell ist, möchten wir Sie bitten, etwa eine Stunde lang darüber zu sprechen. Über das Honorar für Ihren Vortrag und die Einzelheiten Ihres Besuchs (Flüge, Unterbringung) sollten wir noch telefonisch miteinander reden.

Wir freuen uns auf Ihren Besuch,

mit freundlichen Grüßen,

Dr. Helmut Schmidbaur, stellvertretender Dekan
der Universität Heidelberg

7.

Beantworten Sie dieses Fax und benutzen Sie dabei folgende Argumente:

– Bedanken Sie sich für die Einladung und für das Vertrauen, das man Ihnen entgegenbringt.
– Sie sind in erster Linie Historiker und betrachten sich deshalb nicht als Experten für Wirtschaftsfragen.
– Sie kommen erst am 11. Mai von einer Vortragsreise aus Hawaii zurück und der Termin des Heidelberger Symposiums ist deshalb äußerst ungünstig für Sie.
– Bitten Sie um Verständnis dafür, dass Sie dieses Jahr nicht am Symposium teilnehmen und deshalb auch keinen Vortrag halten können.
– Bringen Sie zum Ausdruck, dass Sie gerne die Papiere des Symposiums und die Vorträge lesen möchten und hoffen, dass Sie im nächsten Jahr kommen können.
– Grüßen Sie freundlich und beschließen Sie ihr Fax.

So kann eine offizielle Tagesordnung aussehen:

Vorläufige Tagesordnung der Arbeitstagung zum 48. Delegiertentag am 20. und 21. Januar 1997 in Münster

Beginn der Tagung: 14 Uhr

1. Konstituierung des Delegiertenforums
   - 1.1. Begrüßung der Delegierten durch den 1. Vorsitzenden des gastgebenden Schaustellerverbandes Münsterland e.V., Herrn Fritz Heitmann
   - 1.2. Grußworte
   - 1.3. Begrüßung und Tagungseröffnung durch den Präsidenten des deutschen Schaustellerbundes e.V., Konsul Harry Wollenschläger
   - 1.4. Genehmigung der Tagesordnung
   - 1.5. Andacht mit Totenehrung, Herren Pfarrer Maghs und Pfarrer Biehl
   - 1.6. Wahl des Tagungspräsidiums (Tagungsleiter, Stellvertr. Tagungsleiter, Rednerlistenführer)
   - 1.7. Genehmigung des Ergebnisprotokolls des 47. Delegiertentages in München 1996

2. Geschäfts- und Tätigkeitsberichte
   - 2.1. Jahres- und Geschäftsberichte
     - 2.1.1. Kommentar zum Jahresbericht 1996
     - 2.1.2. Ergänzungsberichte der Bundesfachberater
   - 2.2. Stellungnahme zu den Berichten
   - 2.3. Kassen- und Finanzbericht
     - 2.3.1. Bericht des Bundesschatzmeisters
     - 2.3.2. Bericht der Revisoren
   - 2.4. Stellungnahme zu den Berichten 2.3.
   - 2.5. Entlastung des Bundesschatzmeisters

3. Beratungstagung
   - 3.1. Beratung und Abstimmung der Anträge
     - 3.1.1. Anträge Berufsfragen
     - 3.1.2. Anträge Organisationsfragen
   - 3.2. Beratung von Einzelfragen

Unterbrechung der Arbeitstagung, Fortsetzung am 21. Januar 1997 um 9.30 Uhr

8. Rollenspiel

Rede-
mittel-
buch

Wählen Sie mit Ihrem Partner eine der beiden Rollen. Bereiten Sie Ihre Rollen vor:

- Schlagen Sie passende Wendungen im Redemittelbuch nach.
- Machen Sie kurze Notizen auf den leeren Zeilen.
- Spielen Sie die Situationen mit Ihrem Partner.
- Tauschen Sie dann die Rollen.

Sie treffen in der Eingangshalle des Kongresszentrums eine/n alte/n Bekannte/n.

Person 1:

Begrüßt den/die Bekannte/n und freut sich, ihn/sie hier wieder zu treffen.

Person 2:

Grüßt zurück und freut sich auch.

Person 1:

Fragt, wie Person 2 das Kongressprogramm findet, und ob Person 2 an der Abschlussdiskussion teilnehmen wird.

Person 2:

Sagt, dass er/sie gerade erst angekommen ist und die endgültigen Kongressunterlagen noch gar nicht hat.

Person 1:

Sagt, dass Person 2 die Mappe mit den Unterlagen am Infostand abholen kann.

Person 2:

Bedankt sich für den Hinweis und fragt, ob Person 1 schon Pläne für die Mittagspause hat.

Person 1:

Verneint.

Person 2:

Lädt Person 1 zum Mittagessen ein.

Redemittelbuch

9. Schlussworte

Sie beenden die Tagung für Kartografie und sprechen im Plenarsaal die Abschlussworte. Suchen Sie im Redemittelbuch nach geeigneten Wendungen.

a) Stellen Sie fest, dass es Zeit ist, die Tagung zu beschließen.

b) Danken Sie den Vortragenden für die vielen interessanten Dinge, die es in den letzten Tagen zu hören gab.

c) Danken Sie den Teilnehmern fürs Dabeisein/Aufmerksamkeit und drücken Sie die Hoffnung aus, dass alle von der Tagung profitiert haben.

d) Danken Sie den Veranstaltern für die reibungslose Organisation der Tagung und den unermüdlichen Einsatz des Hilfspersonals.

e) Sagen Sie zum Schluss noch etwas über den Tagungsort und beschließen Sie Ihre kurze Rede mit guten Wünschen für die Zukunft.

10. Was sagen die Personen in den folgenden Situationen?

– Hiermit eröffne ich die Konferenz für interaktive Medienpolitik.

– Entschuldigen Sie, ich hätte da eine Frage...

– Als nächste Rednerin darf ich Ihnen Frau Dr. Wolf vorstellen.

– Wie Sie an dieser Grafik deutlich sehen können, ist...

– Das ist eine interessante Frage, aber...

– Ich danke Ihnen für diesen aufschlussreichen Vortrag.

– Ich muss Sie bitten, sich kurz zu fassen. Sie haben die Redezeit bereits überschritten.

GOETHE INSTITUT

11. Tipps für Vortragende

– Machen Sie sich unbedingt vorher vertraut mit allen technischen Geräten, die Sie benutzen wollen.

– Stellen Sie sich am Anfang kurz vor und erläutern Sie Ihren beruflichen Hintergrund.

– Gliedern Sie Ihren Vortrag klar und deutlich. Benutzen Sie klare Überleitungen.

– Sprechen Sie nicht zu schnell und nicht zu leise.

– Benutzen Sie relativ kurze Sätze. Ein Gedanke pro Satz ist fast immer genug.

– Worüber Sie auch sprechen, sprechen Sie so, dass man Ihnen Ihr Interesse an der Sache deutlich anmerkt.

– Stellen Sie Bezüge her: Zeigen Sie Grafiken, beziehen Sie sich auf Ihre Vorredner, auf die Tagespresse, auf allgemeines Wissen etc.

– Wenn Sie Overhead-Folien verwenden, achten Sie darauf, dass der Text auch in der letzten Saalreihe zu lesen sein muss. Benutzen Sie nicht mehr als etwa 8 Zeilen Text pro Folie.

– Zeigen Sie nicht zu viele, sondern lieber wenige, aber eindrucksvolle Folien.

– Verwenden Sie Technologie (Computer, Video, Audio etc.) sinnvoll und sparsam. Ein Vortrag lebt letztendlich von Ihrer Person und Ihrem Anliegen. Man muss sich auf Sie konzentrieren können.

– Denken Sie an das Vorwissen Ihres Publikums. Sie sollten Ihre Zuhörer nicht unter- oder überfordern.

– Verwenden Sie konkrete, anschauliche Beispiele.

– Fassen Sie zwischendurch zusammen, was Sie bisher gesagt haben.

– Sprechen Sie nicht zu allgemein, aber geben Sie auch nicht zu viele Details.

– Vergessen Sie nicht, am Schluss für die Aufmerksamkeit des Publikums zu danken.

Martin Luthers Rat an junge Priester, die eine Predigt halten sollen:

Gedankenspiel

Mit dem folgenden Gedankenspiel können Sie ihr Charisma als Vortragender ein bisschen trainieren. **Suchen Sie sich wahllos Begriffe aus der Tabelle und überlegen Sie, wie Sie diese Begriffe in einem Vortrag von 3 Minuten vereinigen könnten.** Sie können auch würfeln. Machen Sie sich Notizen, entwerfen Sie eine Einleitung, eine kleine Gliederung, überlegen Sie sich, wie sich Ihr Stil verändert, wenn sich die Begriffe verändern. Welche audiovisuellen Mittel würden Sie einsetzen? Wenn Sie einen Partner haben, halten Sie sich gegenseitig die Vorträge. Sie können auch selbst Themen erfinden.

1	2	3	4	5	6
Hauptstadt Berlin	Kinder	Kredit	Yoga	Allergien	Nobelpreis
Karneval	Alkohol	Herzchirurgie	Kriminalität	Pferderennen	Spielsucht
Ausländer	Kindergärten	Miniröcke	Hunde	Impfung	Handys
Restaurants	Rallyesport	Sekten	Tango	Nordkorea	Rauchen
Rolling Stones	Krebs	Handball	Kuckucksuhren	Heroin	Sonnenenergie
Windeln	Müllverbrennung	Sexualität	Schweizer Uhren	Weihnachten	Brot

12. Höflichkeit

Höflichkeit ist der Versuch, Menschenkenntnis durch gute Manieren zu mildern (Jean Gabin)

Den Deutschen sagt man immer noch nach, sie hätten eine ganz besonders höfliche Kultur. Was hat es damit auf sich?

Das Wort 'höflich' stammt aus der frühen Neuzeit, also aus dem 16./17. Jahrhundert. Damals gab es im deutschen Kulturraum Hunderte von Fürstenhöfen, an denen sich ein adliger Lebensstil entwickelte, der für die ganze höfische Welt verbindlich wurde. Er betraf die Umgangsformen, die Kleidung, den Sprachstil und die Tischsitten. In der damaligen Ständegesellschaft war es üblich, dass man auch äußerlich zeigte, zu welchem Stand man gehörte. Von einem Adligen wurde also das bei Hof übliche Verhalten erwartet, sonst wäre er nicht als Adliger zu erkennen gewesen. Sein Verhalten musste sich deutlich von den derben Verhaltensformen des einfachen Volkes abheben. Er durfte weder laut streiten noch ungezügelt lachen noch mit den Händen essen, er wusste die anderen Leute bei Hof mit den richtigen Titeln anzureden und benutzte auch das 'Sie'.

Erst mit der Entwicklung der bürgerlichen Kultur Ende des 18. Jahrhunderts verwischten sich die starren Grenzen zwischen den Ständen. Höfische Verhaltensformen fanden Eingang in die bürgerliche Gesellschaft. Heute versteht man unter Höflichkeit einerseits das Einhalten bestimmter sozialer Normen wie z.B. *in den Mantel helfen, bei Verspätung um Verzeihung bitten, mit dem Namen anreden, Geschäftspartner siezen, nach dem Befinden fragen* usw. Andererseits sieht man in der Höflichkeit auch eine Grundhaltung gegenüber dem Gesprächspartner. Man nimmt Rücksicht auf den anderen und seine Bedürfnisse, versucht ihn auf keinen Fall durch herbe Kritik oder sarkastische Äußerungen bloßzustellen und zu verletzen. *Einverständnis, Nähe, Mitgefühl, Ermunterung, Sich-in-den-anderen-Hineinversetzen* kann man sowohl sprachlich als auch nichtsprachlich ausdrücken, wobei die sprachliche Äußerung im allgemeinen als deutlicher und wärmer als die nonverbale (z.B. ein Blick, ein Schulterklopfen, ein Händedruck) Information aufgefasst wird.

Letztendlich gilt für Höflichkeit: Verstößt man gegen eine der sozialen Höflichkeitsnormen, weil sie von der entsprechenden Norm in der eigenen Kultur abweicht (etwa die Anrede mit Namen und Titel), so ist das meistens keine Katastrophe. Beleidigt man aber den Verhandlungspartner durch rücksichtslos vorgetragene Forderungen oder Kritik, so wird man die Verhandlungen kaum zu einem geglückten Abschluss bringen. Höflichkeit ist also im Grunde genommen angewandte Psychologie.

Roman Schatz, Dr. Annette Winter-Tarvainen

13. Bei Tisch kommt es wieder auf Manieren an

Eine Umfrage zeigt, dass Ostdeutsche noch mehr Wert auf das richtige Benehmen legen als Westdeutsche

Von RAINER ZITELMANN

Allensbach – Manieren sind in Deutschland wieder 'in'. Das zeigt nicht nur die Konjunktur von 'Benimm'-Büchern und -Kursen, sondern auch eine aktuelle Umfrage. Das Allensbacher Institut befragte 2098 Deutsche zu diesem Thema. „Bei den Tischmanieren der Kinder lasse ich nicht locker, und wenn ich vieles 100 Mal sagen muss, bis es sitzt. Wenn man da nicht streng ist, lernen es die Kinder nie", diese Meinung vertraten insgesamt 55 Prozent der Befragten. Ostdeutsche nehmen es mit den Umgangsformen dabei genauer als die Westdeutschen. Während 62 Prozent der Bürger aus den neuen Bundesländern eine nachdrückliche Erziehung zu guten Tischmanieren für wichtig halten, sind es im Westen nur 53 Prozent. Die Gegenmeinung wurde von immerhin 30 Prozent der Befragten geteilt: „Ich bin dagegen, an den Kindern ständig rumzuerziehen, nur weil sie Messer und Gabel falsch halten oder die Ellbogen beim Essen aufstützen. Das bringt nur unnötigen Ärger." Jeder dritte Westdeutsche und jeder vierte Ostdeutsche sahen das so.

Besonders wichtig sind den Deutschen vor allem vier Tischmanieren, die man den Kindern unbedingt beibringen sollte: nicht mit vollem Mund reden (das fanden 84 Prozent wichtig), nicht mit dem Essen spielen (79 Prozent), nicht schmatzen (76 Prozent), ordentlich mit Messer und Gabel umgehen (75 Prozent). Nur jeder fünfte legte Wert darauf, dass die Kinder den Teller leer essen. Offenbar befürchten viele Eltern, ein striktes Einhalten dieser Maxime könne später zu Problemen mit Übergewicht führen.

Die Ansichten darüber, was gute Tischmanieren sind, gehen zwischen Ost- und Westdeutschen kaum auseinander – mit einer Ausnahme: Jeder sechste Westdeutsche, aber nur jeder 20. Ostdeutsche fand es wichtig, ein Tischgebet vor der Mahlzeit zu sprechen. Die Distanz zur Religion

ist in der ehemaligen DDR immer noch viel deutlicher als in der alten Bundesrepublik.

Der Vergleich mit einer – damals allerdings nur in Baden-Württemberg durchgeführten – Umfrage aus dem Jahre 1985 belegt den Trend zu guten Manieren. Damals hielten nur 40 Prozent der Befragten gute Tischmanieren für wichtig, heute sind es allein in Westdeutschland schon 13 Prozentpunkte mehr.

Damit wurde der seit Ende der 60-er Jahre in Westdeutschland anhaltende Trend umgekehrt, nach dem Höflichkeit und gutes Benehmen für nicht mehr ganz so wichtig erachtet wurden – ein Ergebnis des sogenannten Wertewandels. Ostdeutschland hingegen, das diese ‚Kulturrevolution' von 1968 nicht mitgemacht hat, blieb dieser Wertewandel erspart. Als kurz nach der Wiedervereinigung eine Umfrage durchgeführt wurde, zeigte es sich, dass die Ostdeutschen die Frage nach den Erziehungszielen fast exakt so beantworteten, wie es die Westdeutschen in der Vor-68-er-Zeit getan hatten.

Die Abkehr vom gewollt formlos-lässigen Verhalten, das seit den siebziger Jahren als ‚in' galt, ist nicht nur auf Deutschland beschränkt. In den USA gibt es Schulen, in denen – auf Wunsch der Schüler – eine strenge Kleiderordnung gilt. Und an norwegischen Grundschulen wurde mit Beginn des Winterhalbjahres ‚Höflichkeit' als neues Unterrichtsfach eingeführt. Die Schüler sollen dabei das freundliche und korrekte Grüßen sowie den Respekt vor den Interessen und dem Eigentum anderer lernen.

14. TV

Schauen Sie sich das Portrait am Ende des Sprachfilms an.

Was sagen die Mitglieder der Familie Hochkirchen

– über die Beziehung zwischen Händler und Kunden? Wie baut man ein gutes Händler-Kunden-Verhältnis auf?
– über ihren Familienbetrieb? Wie gehen die Familienmitglieder miteinander um? Wie gehen sie mit den anderen Mitarbeitern um?
– über Verkaufsgespräche mit Kunden? Worauf kommt es den Kunden beim Motorradkauf am meisten an?
– über die Persönlichkeit eines guten Kaufmanns?

Vergleichen Sie Ihre Beobachtungen mit Ihrer eigenen Kultur. Gibt es Gemeinsamkeiten, gibt es Unterschiede? Wie möchten Sie als Kunde/Kundin behandelt werden? Diskutieren Sie mit Ihrem Partner.

2. Sitzungen

Wer kennt sie nicht: Sitzungen. Es gibt zähe, langweilige Sitzungen, die stundenlang dauern und wo die Teilnehmer Mühe haben, nicht einzuschlafen. Es gibt stürmische Sitzungen, wo gestritten wird, dass 'die Fetzen fliegen'. Und es gibt Sitzungen, wo alle Teilnehmer gemeinsam versuchen, so schnell wie möglich, aber auch so gründlich wie nötig zu einem Ergebnis zu kommen – solche Sitzungen sind meistens die besten.

Die meisten Sitzungen folgen einem vorbestimmten Ablauf. Der oder die Vorsitzende stellt fest, dass alle Teilnehmer da sind und erklärt die Sitzung für eröffnet. Meist schreibt jemand mit und erstellt nach der Sitzung ein Protokoll, das allen Teilnehmern später zugeschickt wird.

Eine formelle Sitzung hat eine Tagesordnung, das heißt, eine Liste mit den Dingen, die in der Sitzung behandelt werden sollen. Der oder die Vorsitzende stellt sicher, dass die Punkte dieser Tagesordnung auch wirklich behandelt werden. Natürlich kann man diese Tagesordnung auch ändern. Die Sitzungsteilnehmer können Vorschläge machen und Anträge stellen, über die dann abgestimmt wird.

Der oder die Vorsitzende ist gleichzeitig auch DiskussionsleiterIn. Er oder sie vergibt das Wort an die TeilnehmerInnen, die etwas sagen möchten. Dabei sollte es natürlich so gerecht wie möglich zugehen. Und der/die Vorsitzende fasst das Gesagte noch einmal zusammen, für die TeilnehmerInnen und fürs Protokoll.

Sitzungen können sehr formell verlaufen, etwa die Vorstandssitzung eines großen Konzerns oder einer politischen Partei. Auch eingetragene Vereine müssen in gesetzlich vorgeschriebenen Abständen Sitzungen abhalten, dabei geht es zwar sprachlich nicht immer sehr formell zu, aber der protokollarische Ablauf ist genau geregelt. Allein in der Bundesrepublik Deutschland gibt es mehr als 400.000 eingetragene Vereine (e.V.) – stellen Sie sich vor, was da abgestimmt wird, wieviele Protokolle da geschrieben werden und vor allem: wie viel Kaffee da getrunken wird!

1. Wortschatzübung

Lösungsteil

Einwände
ein/berufen
fest/stellen
für eröffnet erklären
einen Antrag stellen
vor/schlagen
an/nehmen
verlesen
Wortmeldungen
Tagesordnung

Hiermit __________ ich die Sitzung __________. Ich __________, dass die Sitzung ordnungsgemäß __________ und beschlussfähig ist. Zuerst __________ ich das Protokoll der letzten Sitzung. Gibt es __________ gegen das Protokoll? Nein? Also ist das Protokoll __________. Da wir heute leider nicht viel Zeit haben, __________, dass wir Punkt drei von der __________ streichen. Gibt es dazu __________? Oder möchte jemand __________?

2. Was würden Sie sagen?

Redemittelbuch

Schlagen Sie im Redemittelbuch nach.

a) Sie leiten eine Sitzung. Alle Teilnehmer sind anwesend. Begrüßen Sie sie und eröffnen Sie die Sitzung.

b) Sie brauchen einen Protokollführer. Schlagen Sie Herrn Huber vor.

c) Alle Teilnehmer sind mit dem Protokoll der letzten Sitzung einverstanden.

d) Ihrer Meinung nach ist die Tagesordnung zu lang. Sie möchten, dass ein Punkt gestrichen wird.

e) Fragen Sie, was die Teilnehmer darüber denken, einen Punkt zu streichen.

f) Die Sitzungsteilnehmer sollen über den Vorschlag abstimmen.

g) Fünf Sitzungsteilnehmer sind mit der Streichung einverstanden, drei sind dagegen.

h) Die Sitzung ist fast zu Ende. Stellen Sie fest, ob noch jemand etwas fragen oder hinzufügen möchte.

i) Beschließen Sie die Sitzung.

Rede-
mittel-
buch

3. Rollenspiel

Wählen Sie mit Ihrem Partner eine der beiden Rollen. Bereiten Sie Ihre Rollen vor:
- Schlagen Sie passende Wendungen im Redemittelbuch nach.
- Machen Sie kurze Notizen auf den leeren Zeilen.
- Spielen Sie die Situationen mit Ihrem Partner.
- Tauschen Sie dann die Rollen.

Bei Sitzungen geht es nicht immer sachlich zu...

Person a)

Eröffnet die Herbstsitzung des Bürgervereins gegen die neue Autobahnbrücke.

Bittet b) zu warten. Will zuerst das Protokoll der letzten Sitzung verlesen.

Bittet die lachenden Teilnehmer um Ruhe.

Ermahnt b), sich zu setzen und bei der Tagesordnung zu bleiben.

Person b)

Unterbricht den Vorsitzenden sofort. Will einen Antrag stellen.

Unterbricht den Vorsitzenden. Sagt, man solle endlich ehrlich sein. Der ganze Quatsch habe keinen Sinn, weil die Brücke sowieso gebaut werde.

Bittet die anderen Teilnehmer um Unterstützung für seinen/ihren Antrag.

4. Formell – informell

Hier sehen Sie die einleitenden Worte des Vorsitzenden bei der 7. Tagung des Kommitees für Denkmalfragen in Nordrhein-Westfalen. Die Sprache, die der Vorsitzende verwendet, ist sehr formell. Wandeln Sie den Text so um, dass er auch für eine Vereinssitzung der Modelleisenbahner oder Kleingärtner passt.

– Sehr geehrte Kommiteemitglieder! Ich stelle hiermit fest, dass die erforderliche Mehrheit der Mitglieder anwesend ist und erkläre die Jahresversammlung des Vorstands hiermit für eröffnet.

– Die heutige Tagesordnung ist recht umfangreich und es stehen einige wichtige Punkte zur Diskussion an.

– Ich schlage vor, mit dem Verlesen des Sitzungsprotokolls unserer letzten Versammlung zu beginnen und das Protokoll per Akklamation anzunehmen oder abzulehnen.

– Außerdem ist die Wahl eines Protokollführers für diese Versammlung nötig. Ich darf um Vorschläge oder Kandidaten bitten.

Lö-sungs-teil

5. Tagesordnung

Der Hundesportverein Biss & Pfote e.V. hält seine Herbstsitzung ab. Leider ist die Tagesordnung im Computer ein bisschen durcheinandergeraten. Bringen Sie sie in die richtige Reihenfolge.

Verschiedenes

Wahl des Kassenprüfers für das nächste Vereinsjahr

Begrüßung der Mitglieder durch den Vorsitzenden

Imbiss im Restaurant 'Zur Katze'

Verlesen des Protokolls der letzten Sitzung

Planung des Herbstausfluges

Bestimmen des Protokollführers für die Sitzung

6. Verbinden Sie die folgenden Satzteile

Lö-sungs-teil

a) Ich stelle fest, dass ...
b) Ich schlage vor, dass ...
c) Wenn Sie für den Antrag sind, dann ...
d) Wenn niemand mehr Fragen hat, dann ...
e) Herr Vorsitzender, ich möchte ...
f) Ich finde, wir sollten ...
g) Sie haben jetzt die Gelegenheit, ...
h) Ich möchte Herrn Schmidt bitten, ...

a) bei der Tagesordnung bleiben.
b) wir noch einen zusätzlichen Punkt auf die Tagesordnung setzen.
c) heben Sie bitte die Hand.
d) Fragen zu stellen.
e) einen Antrag stellen.
f) das Protokoll zu führen.
g) die Sitzung beschlussfähig ist.
h) ist die Sitzung hiermit geschlossen.

WICHTIG IN JEDER SITZUNG:

LICHT
FRISCHE LUFT
GETRÄNKE
PAUSEN
!!!

7. Abstimmung

Sie leiten eine Sitzung, in der es um das Budget des nächsten Jahres geht. Die Sitzungsteilnehmer stimmen über das Budget ab.

a)
7 Teilnehmer sind mit dem Budget einverstanden, 5 nicht, 3 enthalten sich der Stimme.

b)
2 Teilnehmer sind einverstanden, 13 nicht.

c)
Alle Teilnehmer sind mit dem Budget einverstanden.

d)
12 Teilnehmer sind nicht mit dem Budget einverstanden, 3 sagen nichts dazu.

Fassen Sie die Abstimmungsergebnisse zusammen. Hier haben Sie Wörter, die Sie dazu brauchen:

- die Stimmenthaltung
- sich der Stimme enthalten
- die Gegenstimme
- dafür sein
- unterstützen
- dagegen sein
- einen Antrag annehmen
- einen Antrag ablehnen
- die Mehrheit
- einstimmig
- ohne Gegenstimmen

Öffentliche Sitzung des Hauptausschusses 7/96 der Stadt Hattingen
Donnerstag, 5.12. 1996
Großer Sitzungssaal

Teil I: Beschlüsse
Sitzungsbeginn: 16.00 Uhr
Sitzungsende: 18.55 Uhr

ANWESEND

Vorsitzender: Günter Wüllner, SPD
Mitglieder:

SPD

Wilfried Borgmann
Anita Brückner
Erich Frank
Günter Hartbecke
Achim Paas
Luise Paulus als Vertreterin für Hartmut Hirsch
Georg Radtke
Wolfgang Zimmermann

CDU

Dr. Ralf Brauksiepe
Johannes Hiesgen
Helene Meinecke
Gerhard Nörenberg
Dr. Jürgen Raddei
Heinz Sauer als Vertreter für Heinz-Theo Haske

GRÜNE / FREIE WÄHLERINITIATIVE

Wolfgang Feuerstein
Stefan Kietz-Borgwardt

Schriftführer:
Reiser

Verwaltung:
Liebig
Kubendorff
Schommer
Kestler
Backhaus

Betreff: Außerplanmäßige Bereitstellung von Haushaltsmitteln
hier: Errichtung der Gesamtschule in Hattingen/Welper

Beschluss: Bei Haushaltstitel 2800.9401 - Errichtung Gesamtschule - werden Mittel in Höhe von 135.000 DM außerplanmäßig bereitgestellt.

Betreff: Überplanmäßige Bereitstellung von Haushaltsmitteln
hier: Sammelnachweis "Persönliche Ausgaben"

Beschluss: Im Sammelnachweis "Persönliche Ausgaben" werden Mittel in Höhe von 260.000 DM überplanmäßig bereitgestellt.

Betreff: Satzung über die Erhebung von Gebühren für die Abfallentsorgung

Beschluss: 1. Die Gebührenbedarfsberechnung Abfallentsorgung 1997 vom 15.10.1996 wird gebilligt.
2. Die Satzung über die Erhebung von Gebühren für die Abfallentsorgung in der Stadt Hattingen in der Fassung des beigefügten Entwurfs vom 15.10.1996 wird beschlossen.
3. Die Kreisverwaltung wird aufgefordert, rechtzeitig für die Etatberatungen des Jahres 1998 die Kalkulation für die vom Kreis erhobenen Gebühren für die Entsorgung des Bioabfalls und des Restabfalls vorzulegen.

Alle 3 Abstimmungsergebnisse waren einstimmig.

Abstimmungsergebnis:
Einstimmig

(Vorsitzender) (Schriftführer)

8. Sitzungsfreuden – Sitzungsleiden

Erinnern Sie sich an die schlechteste und an die beste Sitzung, an der Sie teilgenommen haben. Analysieren Sie: Was war schlecht und was war gut? Schreiben Sie Ihre Gedanken auf und berichten Sie Ihrem Partner von Ihren Erfahrungen.

9. Hierarchie

§ 1: Der Chef hat immer Recht.
§ 2: Wenn der Chef einmal nicht Recht hat, tritt automatisch § 1 in Kraft.

Dieser Spruch hängt in vielen Büros in Deutschland. Seine grundlegende Aussage ist sicher richtig. Deutsche Chefs und Chefinnen vertragen im allgemeinen Kritik nicht sehr gut, schon gar nicht direkt ausgesprochene Kritik.

Seit dem Ende des Zweiten Weltkrieges hat die amerikanische Unternehmenskultur auch in vielen deutschen Betrieben Einzug gehalten, das kann man leicht an vielen neudeutschen Vokabeln erkennen. Es gibt *Teams* und *Teamwork*, man geht in *Meetings* oder zusammen zum *Lunch*. Das Geschäftsleben heißt heutzutage *Business*.

Trotzdem gibt es sie noch, die deutsche Hierarchie. Der Chef ist kein Kumpel, sondern tatsächlich der Chef. Die Autorität des Vorgesetzten beruht nicht nur auf seiner Kompetenz, sondern einfach auch auf seiner höheren Dienststellung.

Warum das so ist? Eine Erklärungsmöglichkeit bietet der historische Ansatz. Vom Mittelalter bis zum Ende des 18. Jahrhunderts war die mitteleuropäische Gesellschaft hierarchisch in Stände gegliedert: von Papst und Kaiser über den weltlichen und kirchlichen Adel bis hin zu den städtischen Bürgern und Unterschichten und den Bauern. Jeder Mensch war aufgrund seiner Geburt,

Tätigkeit und sozialen Stellung einem bestimmten Stand zugeordnet.

Wie man damals allgemein glaubte, war diese Ungleichheit von Gott gewollt, nur vor Gott waren alle Menschen gleich. Entsprechend der sozialen Rangordnung war jedem, ganz gleich ob er Adliger oder Handwerker oder Bettler war, zugeordnet, welche Kleider er tragen durfte und an welchen Festen er teilnehmen durfte. Sogar der Platz in der Kirche hing davon ab.

In den mittelalterlichen Städten gab es in den Berufsorganisationen der Handwerker, Zunft oder Gilde genannt, ebenfalls eine deutliche Hierarchie. Beschlüsse fassen durften nur die reicheren Zunftmeister, die ärmeren Zunftmeister und die Gesellen mussten sich ihren Anordnungen fügen.

Im Preußen des 18. Jahrhunderts funktionierten Landwirtschaft und Militär nach demselben Hierarchieprinzip. Die abhängigen Bauern mussten dem adligen Gutsbesitzer bedingungslos gehorchen bei der Landarbeit, aber auch beim Militär, denn in ihrer zwanzigjährigen Militärdienstzeit (nach zwei Jahren Grundausbildung pro Jahr zwei Monate Militär, zehn Monate Landarbeit) war derselbe Gutsbesitzer auch ihr kommandierender Offizier. Damit die Bauern nicht vergaßen, dass sie auch bei der Landarbeit im militärischen Dienst waren, mussten sie das ganze Jahr über ihren Soldatenrock tragen, sogar am Sonntag in der Kirche.

Das Mittelalter und die Preußenzeit sind vorbei. Aber die Beziehung zwischen Vorgesetzten und Angestellten trägt in vielen Betrieben immer noch Züge, die auf jahrhundertelangem historischem Boden gewachsen sind.

Roman Schatz,
Dr. Annette Winter-Tarvainen

10. TV

Schauen Sie sich das Portrait am Ende des Sprachfilms an.

Was sagt Oberin Horn

- über das Verhältnis zwischen Schwestern und Ärzten im Krankenhaus?
- über das Verhältnis zwischen Personal und Patienten?
- über Einstellungsgespräche? Worauf achtet sie, wenn sie mit einer Kandidatin/einem Kandidaten spricht?
- über den Umgang mit Nachgeordneten (Untergebenen) und Vorgesetzten?

Vergleichen Sie das Gesehene mit den hierarchischen Strukturen in Ihrer eigenen Kultur. Wo sind die wichtigsten Unterschiede? Wie gehen Sie mit Ihren Nachgeordneten um? Wie gehen Sie mit Ihren Vorgesetzten um? Diskutieren Sie mit Ihrem Partner.

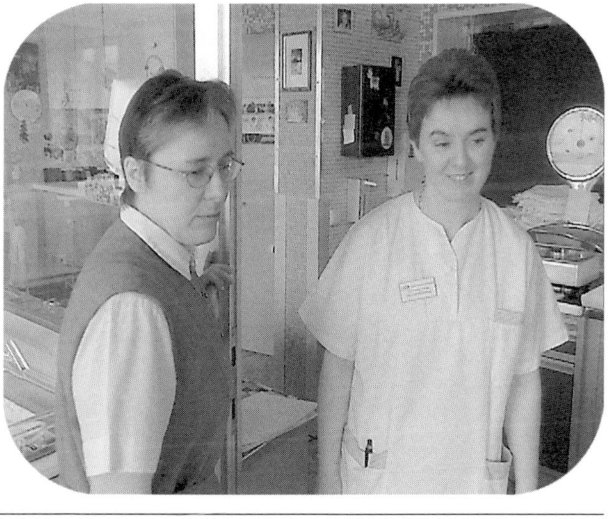

3. Verhandlungen

Jetzt wird's ernst! Der Small Talk ist vorbei, die Verhandlung beginnt. Jetzt geht's ‚um die Wurst', also ums Geld. Sie wollen etwas kaufen oder etwas verkaufen, oder Sie planen mit Ihrem Partner gemeinsam ein Projekt. Eins ist auf jeden Fall klar: Sie wollen Vorteile für sich und Ihre Firma aushandeln, jedenfalls zu einem Ergebnis kommen.

Vielleicht wissen Sie schon von vorneherein ganz genau, was Sie wollen, was Sie akzeptieren können und wann Sie nein sagen werden. Vielleicht sind Sie aber auch flexibel, offen für neue Vorschläge, vielleicht sind Sie bereit, jederzeit die Taktik und die Richtung zu ändern. Wichtig ist aber vor allem: Verkrampfen Sie sich nicht, bleiben Sie entspannt! Schließlich ist jede Verhandlung bis zu einem gewissen Grad auch ein Spiel – ein Spiel mit Argumenten.

1. Wortschatzübung

Lösungsteil

– Liebe Kollegen und Kolleginnen, ich freue mich, dass Sie gekommen sind. Ich denke, wir können mit dem bisherigen Stand unserer Verhandlungen sehr ________________. Es gibt allerdings noch einige Punkte, über die wir ________________ müssen, aber ich bin sicher, dass wir eine Lösung finden, die für alle ________________.

– Wenn ich gleich zur Sache ________________: Ich möchte gern noch einmal auf den Preis der bestellten Geräte ________________. Ich finde, dass Sie uns bei einem so großen Lieferumfang preislich ________________ sollten. Ich möchte ________________, dass wir Ihr größter Kunde wären, wenn wir den Vertrag unterzeichnen.

– Wenn ich Sie ________________, möchten Sie einen größeren Rabatt? Ich dachte, wir wären uns da schon ________________.

– Im Prinzip schon, aber ich möchte ________________ ________________, dass zehn Prozent bei dieser Stückzahl nicht besonders viel sind.

akzeptabel sein · entgegenkommen · einig werden · zu sprechen kommen · betonen · darauf hinweisen · richtig verstehen · sich unterhalten · kommen dürfen · zufrieden sein

Redemittelbuch

2. Was würden Sie sagen?

Schlagen Sie im Redemittelbuch nach.

Sie verhandeln mit einem Geschäftspartner.

a) Sie sehen keine großen Schwierigkeiten, aber Sie möchten noch einmal über einige Dinge sprechen.

b) Sie fühlen sich falsch verstanden und wollen das Missverständnis klären.

c) Sie unterbrechen Ihren Partner, um die Verständigung sicherzustellen.

d) Sie weisen ein Argument höflich, aber bestimmt zurück.

e) Sie wägen die Vor- und Nachteile zweier Alternativen ab.

f) Sie sind mit Ihrem Partner in den wesentlichen Punkten einig.

g) Sie fassen das Ergebnis der Verhandlung kurz zusammen.

h) Sie bitten um schriftliche Bestätigung.

3. Ein bisschen Psychologie für Verhandlungen

Gehen Sie einmal davon aus, dass sich die Menschen in drei Wahrnehmungstypen einteilen lassen: visuell, auditiv und kinästhetisch. Jeder Mensch 'funktioniert' hauptsächlich nach eine dieser drei Arten. Wenn Sie wissen, was für ein Typ Ihr Verhandlungspartner ist, wissen Sie auch, wie Sie effektiver mit ihm kommunizieren können. Im Folgenden finden Sie eine Liste mit Ausdrücken, die bei einer Verhandlung vorkommen können. Teilen Sie die Ausdrücke dem jeweiligen Typ zu:

- visuell
- auditiv
- kinästhetisch

klingt gut – ich habe das Gefühl – Licht am Ende des Tunnels – ich sehe das anders – ich begreife das sehr gut – beleuchten – hören Sie mal – das können Sie laut sagen – im Augenblick – viel Lärm um nichts – im Brennpunkt – undurchsichtig – leuchtet mir ein – eine Handvoll – Berührungspunkte – ich stimme überein – ich gehe in eine andere Richtung – genauer betrachten – behandeln – greifbare Ergebnisse – nicht zu fassen – sang- und klanglos – Tomaten auf den Augen haben – etwas nimmt mich mit – begreifen – erfassen – ich habe die Nase voll – sich die Finger verbrennen – die Finger von etwas lassen – das berührt mich nicht – das ist ja unerhört – usw.

vgl. auch Kontakt Deutsch -Kursbuch, S.114

Redemittelbuch

4. Rollenspiel

Wählen Sie mit Ihrem Partner eine der beiden Rollen. Bereiten Sie Ihre Rollen vor:
- Schlagen Sie passende Wendungen im Redemittelbuch nach.
- Machen Sie kurze Notizen auf den leeren Zeilen.
- Spielen Sie die Situationen mit Ihrem Partner.
- Tauschen Sie dann die Rollen.

Denken Sie sich ein Produkt aus, das Sie kaufen oder verkaufen wollen.

Person a)
Lobt das Produkt, unterstreicht die Vorteile.

Person b)
Gibt zu bedenken, dass das Produkt recht teuer ist. Die Konkurrenz hat ein billigeres Angebot.

Person a)
Räumt ein, dass das stimmt und verweist auf die besonders hohe Qualität des Produkts.

Person b)
Möchte eine Garantie für die Qualität des Produkts haben.

Person a)
Sagt, dass der Preis natürlich von der Garantiedauer abhängt.

Person b)
Möchte noch einmal mit seinem Chef über die Sache sprechen.

Person a)
Signalisiert Kompromissbereitschaft und macht ein günstigeres Angebot.

Person b)
Stellt sicher, dass er a) richtig verstanden hat.

Person a)
Bestätigt.

Person b)
Akzeptiert das Angebot.

5. Verbinden Sie die folgenden Satzteile

Lö-sungs-teil

a) Ich möchte besonders darauf ...
b) Ich bin sicher, dass wir ...
c) Wir freuen uns auf ...
d) Können Sie das bitte noch ...
e) Es gibt noch einige Punkte, über die ...
f) An Ihrer Stelle würde ich ...
g) Im Augenblick kann ich ...
h) Entschuldigen Sie, wenn ich ...
i) Ich würde es vorziehen, ...
j) Ich denke, wir sind uns ...

a) ... dazu noch nichts Konkretes sagen.
b) ... mir das gut überlegen.
c) ... direkt mit Ihrer Firma zu verhandeln.
d) ... gute Zusammenarbeit.
e) ... Sie unterbreche, aber habe ich Sie da richtig verstanden?
f) ... schriftlich bestätigen?
g) ... hinweisen, dass dieses Produkt umweltfreundlich ist.
h) ... im Wesentlichen einig.
i) ... wir sprechen sollten.
j) ... uns einig werden.

‚Stellen Sie sich in einer Verhandlung immer vor, die Firma, die Sie vertreten, gehöre Ihnen selbst'

6. Positiv denken, positiv sprechen

Analysieren Sie die folgenden Sätze und überlegen Sie, wie man dieselben Dinge positiver sagen könnte. Schreiben Sie Ihre Formulierungsvorschläge auf:

– Das stimmt doch gar nicht!

\+ ....

....

– Ich verstehe kein Wort.

\+ ....

....

– Davon habe ich keine Ahnung.

\+ ....

....

– Letztes Mal sagten Sie aber etwas ganz anderes!

+ ______________________________

____

– Das kann doch nicht Ihr Ernst sein!

+ ______________________________

____

– Da haben Sie mich total falsch verstanden.

+ ______________________________

____

– Das muss ich aber auf jeden Fall schriftlich haben.

+ ______________________________

____

– Wie soll es denn jetzt weitergehen?

+ ______________________________

____

– So schnell geht das aber nicht.

+ ______________________________

____

– Bis jetzt sind unsere Verhandlungen doch prima gelaufen.

+ ______________________________

____

vgl. auch Kontakt Deutsch -Kursbuch, S.116

7. Viel, billig, schnell

Spielen Sie mit Ihrem Partner eine Verhandlung.

Sie möchten ein Restaurant eröffnen. Sie möchten möglichst **hochwertige Rohstoffe** kaufen. **Qualität** ist für Sie das Wichtigste.

Ihr Partner möchte Ihnen die Lebensmittel liefern. Ihr Partner möchte Sie davon überzeugen, dass **der Preis**, **die Menge** und **die kurzen Lieferzeiten** der Ware ausschlaggebend sind.

Sie haben zehn Minuten Zeit, um zu einem Kompromiss zu kommen. Bereiten Sie sich vor und sammeln Sie Argumente. Tauschen Sie danach die Rollen.

8. Verhandeln und argumentieren

Verhandlungen sind sich überall auf der Welt ähnlich. Natürlich hat aber jede Kultur spezifische Verhaltens- und Argumentationsmuster und es ist gut, diese im Voraus zu kennen. Worauf müssen Sie also gefasst sein, wenn Sie mit Deutschen verhandeln?

– Die deutsche Verhandlungskultur ist vor allem verbal. Gestik und Mimik unterstreichen nur das Gesagte. So werden auch Höflichkeit, Kritik, Lob, Einverständnis und Unverständnis sprachlich geäußert. Das überrascht und befremdet besonders Vertreter stark nonverbaler Kulturen oft.

– In Deutschland verhandelt man zielstrebig. Man möchte auf jeden Fall zu einem Ergebnis kommen. Man hat auf dieses Ziel hin Argumente vorbereitet.

– Man folgt einem Programm. Es wird nicht einfach drauflosverhandelt, sondern man gibt am Anfang der Verhandlung einen Überblick über die Dinge, die behandelt werden sollen.

– Man bereitet sich gewissenhaft vor. Ihre deutschen Partner wissen von Anfang an, welche Kompetenzen und welchen Spielraum sie haben und sie kennen die Fakten, 'haben ihre Hausaufgaben gemacht'.

– Argumentieren bei Verhandlungen – wie auch bei privaten Treffen – ist fast wie ein Sport. Die Deutschen lernen das Argumentieren seit Ende der 60-er Jahre intensiv in der Schule. Sich mit einem Thema argumentativ auseinandersetzen zu können, zeichnet einen politisch-gesellschaftlich mündigen Staatsbürger aus. Das zeigt sich natürlich auch in Geschäftsverhandlungen. Der deutsche Gesprächspartner bringt seine Argumente zielgerichtet vor. Man schwächt die Argumente allerdings sprachlich gern etwas ab, damit kein aggressiver Eindruck entsteht. Dabei verwendet man

Zwei typische Verhandlungen:

A: Mutti, kriege ich ein Eis?
B: Nein.
A: Warum nicht?
B: Weil du nachher Mittagessen sollst.
A: Und wenn ich dann ganz viel esse?
B: Ich habe nein gesagt.

Beachten Sie, wie A die Beweggründe B's in Frage stellt. Seien Sie zäh, aber nett. Hinterfragen Sie B's Argumente, höflich, korrekt, aber energisch. Bieten Sie Alternativen an, machen Sie es B leicht, ‚Ja' oder wenigstens ‚Na gut' zu sagen. Zeigen Sie sich sachlich und kompromissbereit. Vor allem: Brechen Sie nicht den Kontakt mit B ab. Der große Unterschied zu Kindern ist: *Sie* dürfen nicht emotional werden!

B: Du musst jetzt ins Bett.
A: Ich will aber nicht!
B: Jetzt geh schon.
A: Nur wenn ich noch fünf Minuten fernsehen darf.
B: Fünf Minuten fernsehen?
A: Ja.
B: Aber nur fünf.

Sie haben ein gutes Verhältnis zu B entwickelt und sich auf Ihren Verhandlungspartner gut eingestellt. B ist kompromissbereit, und Sie schlagen sofort zu. Sie können sich erlauben, einen Bonus oder eine Bedingung auszuhandeln. Auf gute Zusammenarbeit!

Ausdrücke wie *teilweise, vielleicht, in gewisser Hinsicht, eigentlich, im Grunde genommen, wenn ich fragen darf, ich könnte mir vorstellen, das mag wohl so sein* usw.

– Bei Verhandlungen gehen Deutsche gründlich vor, Punkt für Punkt, geben auch detaillierte Hintergrunderklärungen ab, die manchmal von den Zuhörern Geduld erfordern. Diese Gründlichkeit hat ebenso wie die Lust am Argumentieren ihre historischen Wurzeln in der Aufklärungszeit. Immanuel Kant forderte seine Zeitgenossen auf, alles mit Hilfe der eigenen Vernunft zu hinterfragen und nach Erklärungen zu suchen.

– Für alle Verhandlungen gilt : Ehrlichkeit ist wichtig und erweckt Vertrauen. Von Fall zu Fall kann direkt ausgesprochene Ehrlichkeit sogar wichtiger sein als Höflichkeit.

Roman Schatz,
Dr. Annette
Winter-Tarvainen

So kann ein Vertrag aussehen:

Vertrag über die Zusammenarbeit

zwischen

Firma ORION Tours
Frankfurt am Main
Bundesrepublik Deutschland

und

Firma
____
____
____
____

Die oben genannten Vertragsparteien schließen zur Abwicklung Ihrer gemeinsamen Geschäftstätigkeiten diesen Vertrag und bestätigen sich mit deren Unterschrift somit nachfolgende von ORION Tours angebotene Vertragspunkte.

1. Reiseanmeldung

Mit der schriftlichen Anmeldung, die außerdem keiner besonderen Form bedarf, bieten Sie uns einen verbindlichen Reisevertragsabschluss an. Dieser gilt auch für alle in dieser Anmeldung aufgeführten Personen.
Sollte die von uns erteilte Buchungsbestätigung Abweichungen von der schriftlichen Anmeldung enthalten, so kommt der Reisevertrag zustande, es sei denn Sie widersprechen der veränderten Bestätigung innerhalb von 10 Tagen.
Im Falle telefonisch getätigter Buchungen gilt der Reisevertrag als abgeschlossen, wenn auf unsere schriftliche Buchungsbestätigung/Rechnung innerhalb von 10 Tagen kein schriftlicher Einspruch erfolgt.

2. Zahlungsmodalitäten

Nach der erfolgten Buchungsbestätigung ist eine Anzahlung in Höhe von 10% des Reisepreises 10 Tage nach Versendung der Buchungsbestätigung/Rechnung an uns zu zahlen. Der Reisepreis soll bis spätestens 3 Wochen vor Reiseantritt vollständig eingezahlt worden sein. Die Reisedokumente werden nur nach Zahlungseingang übergeben bzw. in Kopie per Telefax übersandt.

3. Stornierungsgebühren

Für die von uns veranstalteten Reisen gelten allgemein folgende Stornierungsbedingungen:
– bis zum 22. Tag vor Reiseantritt 10 % des Reisepreises
– vom 21. bis zum 15. Tag vor Reiseantritt 20 % des Reisepreises
– vom 14. bis zum 07. Tag vor Reiseantritt 40 % des Reisepreises
– ab dem 06. Tag vor Reiseantritt 80 % des Reisepreises
– Nichterscheinen und Nichtinformieren über Stornierung 100 %
– Bei nach kurzfristigen Buchungen (weniger als 10 Tage vor Reiseantritt) folgenden Stornierungen 85% des Reisepreises

Die Stornierung muss schriftlich erfolgen. Eine telefonische Stornierung kann vorgemerkt werden, wenn innerhalb einer Frist von 24 Stunden diese schriftlich/per Telefax bestätigt wird. Die Fristenlegung gilt mit dem Tag der Registrierung Ihrer Stornierung bei uns.

4. Umbuchungen

Umbuchungen sind nur gegen Gebühr möglich, sie bedürfen in jedem Fall unserer Zustimmung und müssen schriftlich vorgenommen und bestätigt werden.

5. Leistungs- und Preisänderungen

Änderungen und Abweichungen einzelner Reiseleistungen von dem vereinbarten Inhalt des Reisevertrages, sind, soweit vom Veranstalter nicht wider Treu und Glauben herbeigeführt, gestattet. Sie dürfen jedoch den Gesamtzuschnitt der gebuchten Reise nicht erheblich beeinträchtigen.

Die Reiseorganisationen in den jeweiligen Ländern behalten sich vor, jederzeit und ohne Ankündigung die im Programm vorgesehene Transportart zu ändern, den Programmablauf bis hin zu Aufenthaltsdauern in den Städten aus wichtigen Gründen abzuwandeln und auch einzelne Programmpunkte zu streichen und auszutauschen. Anspruch auf Erstattung besteht nicht.

6. Reiseversicherungen

Eine Krankenversicherung ist für Reisen in viele der durch uns buchbaren Länder (wie zum Beispiel die Bundesrepublik Deutschland) zur Ausstellung der Visa unabdingbar.

7. Beschränkung der Haftung

Wir haften nicht für Leistungsstörungen und Mängel bei Leistungen, die wir lediglich vermitteln und für die die Haftung vom Leistungsträger oder Reiseveranstalter übernommen werden muss.

8. Pass-, Visa-, Zoll-, Devisenbestimmungen

Für die Einhaltung der Pass-, Visa-, Zoll-, Devisen- und Gesundheitsbestimmungen ist der Reiseteilnehmer selbst verantwortlich. Alle Nachteile, die aus ihrer Nichtbeachtung entstehen, gehen vollständig zu Lasten des Reisenden.

9. Gerichtsstand

Gerichtsstand ist der Sitz des Reiseveranstalters.

10. Gültigkeitsdauer

Der vorliegende Vertrag ist gültig ab dem Moment der Unterzeichnung für die Dauer eines Jahres.

Datum und Ort der Unterzeichnung

____

____

ORION Tours

____

Firma

9. TV

Schauen Sie sich das Portrait am Ende des Sprachfilms an.

Was sagt Dr. Jakob

- darüber, wie in Deutschland bei Verhandlungen argumentiert wird?
- dazu, wie man sich auf eine Verhandlung vorbereiten sollte?
- zur Höflichkeit in Deutschland?

Vergleichen Sie das Gesehene mit Ihrer eigenen Kultur. Wird bei Ihnen anders verhandelt? Gibt es Argumente oder Taktiken, die bei Ihnen ganz anders funktionieren? Was könnten deutsche Verhandlungspartner an Ihrer Kultur falsch verstehen? Diskutieren Sie mit Ihrem Partner.

Lösungsteil

1.

TeilnehmerIn: Guten Tag, ich möchte mich anmelden, mein Name ist Woyzeck.

TagungshelferIn: Tut mir leid, ich finde Ihren Namen nirgends. Würden Sie sich bitte in die Teilnehmerliste eintragen und das Anmeldeformular ausfüllen?

TeilnehmerIn: Entschuldigen Sie, aber mein Name steht schon hier auf der Liste. Sie haben ihn nur falsch geschrieben.

TagungshelferIn: Ja, wirklich, hier steht es ja: W-O-Y-Z-E-C-K. Sie erhalten die Karten für die Stadtrundfahrt im Tagungsbüro.

TeilnehmerIn: Wie lange ist das Tagungsbüro geöffnet?

TagungshelferIn: Bis 17 Uhr.

TeilnehmerIn: Ich habe noch ein Problem. Kann man bei Ihnen den tragbaren Computer direkt an den Videoprojektor anschließen? Ich muss einen Vortrag halten. An wen kann ich mich da wenden?

TagungshelferIn: An Frau Karstens, hier gleich nebenan.

TeilnehmerIn: Eine Frage noch. Wo findet der Vortrag über Gewässerschutz statt?

TagungshelferIn: In Raum 314.

7. Lösungsvorschlag

FAX TO: Dekan Helmut Schmidbauer, Universität Heidelberg

Sehr geehrter Herr Dr. Schmidbauer,

herzlichen Dank für die Einladung zum Heidelberger Symposium. Ich fühle mich geehrt von so viel Vertrauen.

Allerdings bin ich, wie Sie wissen, in erster Linie Historiker, bin daher also in Wirtschaftsfragen nur sehr begrenzt kompetent.

Außerdem ist der Termin für mich sehr ungünstig. Ich komme erst am 11.5. von einer Vortragsreise aus Hawaii zurück.

Daher bitte ich um Ihr Verständnis dafür, dass ich Ihrer Einladung nicht Folge leisten kann. Ich wäre Ihnen allerdings sehr dankbar, wenn Sie mir die Unterlagen und die aus dem Symposium resultierenden Papiere per E-mail (li.pang@hku.hk) zusenden könnten.

Mit freundlichen Grüßen

Li Pang, Professor, Royal Academy of Economics, Hong Kong

2. Sitzungen

1.

Hiermit erkläre ich die Sitzung für eröffnet. Ich stelle fest, dass die Sitzung ordnungsgemäß einberufen und beschlussfähig ist. Zuerst verlese ich das Protokoll der letzten Sitzung. Gibt es Einwände gegen das Protokoll? Nein? Also ist das Protokoll angenommen. Da wir heute leider nicht viel Zeit haben, schlage ich vor, dass wir Punkt drei von der Tagesordnung streichen. Gibt es dazu Wortmeldungen? Oder möchte jemand einen Antrag stellen?

4. Lösungsvorschlag

– Liebe Freunde! Ich sehe, dass alle da sind, also kann's losgehen.
– Wir haben heute viel zu besprechen.
– Wir sollten erst noch einmal vorlesen, was wir beim letzten Mal besprochen haben und sehen, ob alle damit einverstanden sind.
– Wer ist diesmal so nett, das Protokoll zu führen?

5.

6 Verschiedenes

4 Wahl des Kassenprüfers für das nächste Vereinsjahr

1 Begrüßung der Mitglieder durch den Vorsitzenden

7 Imbiss im Restaurant 'Zur Katze'

2 Verlesen des Protokolls der letzten Sitzung

5 Planung des Herbstausfluges

3 Bestimmen des Protokollführers für die Sitzung

6.

a-g, b-b, c-c, d-h, e-e, f-a, g-d, h-f

a) Ich stelle fest, dass die Sitzung beschlussfähig ist.

b) Ich schlage vor, dass wir noch einen zusätzlichen Punkt auf die Tagesordnung setzen.

c) Wenn Sie für den Antrag sind, dann heben Sie bitte die Hand.

d) Wenn niemand mehr Fragen hat, dann ist die Sitzung hiermit geschlossen.

e) Herr Vorsitzender, ich möchte einen Antrag stellen.

f) Ich finde, wir sollten bei der Tagesordnung bleiben.

g) Sie haben jetzt die Gelegenheit, Fragen zu stellen.

h) Ich möchte Herrn Schmidt bitten, das Protokoll zu führen.

7. Mögliche Lösungen

a) Der Budgetentwurf ist mit 7 gegen 5 Stimmen bei 3 Enthaltungen angenommen.

b) Der Budgetentwurf ist mit 13 gegen 2 Stimmen abgelehnt.

c) Der Budgetentwurf ist einstimmig angenommen (ohne Gegenstimmen angenommen).

d) Der Budgetentwurf ist mit 12 Gegenstimmen abgelehnt. Es hat niemand dafür gestimmt, 3 Kollegen haben sich der Stimme enthalten.

3. Verhandlungen

1.

– Liebe Kollegen und Kolleginnen, ich freue mich, dass Sie gekommen sind. Ich denke, wir können mit dem bisherigen Stand unserer Verhandlungen sehr zufrieden sein. Es gibt allerdings noch einige Punkte, über die wir uns unterhalten müssen, aber ich bin sicher, dass wir eine Lösung finden, die für alle akzeptabel ist.
– Wenn ich gleich zur Sache kommen darf: Ich möchte gern noch einmal auf den Preis der bestellten Geräte zu sprechen kommen. Ich finde, dass Sie uns bei einem so großen Lieferumfang preislich entgegenkommen sollten. Ich möchte betonen, dass wir Ihr größter Kunde wären, wenn wir den Vertrag unterzeichnen.
– Wenn ich Sie richtig verstehe, möchten Sie einen größeren Rabatt? Ich dachte, wir wären uns da schon einig geworden.
– Im Prinzip schon, aber ich möchte darauf hinweisen, dass zehn Prozent bei dieser Stückzahl nicht besonders viel sind.

5.

a-g, b-j, c-d, d-f, e-i, f-b, g-a, h-e, i-c, j-h

a) Ich möchte besonders darauf hinweisen, dass dieses Produkt umweltfreundlich ist.

b) Ich bin sicher, dass wir uns einig werden.

c) Wir freuen uns auf gute Zusammenarbeit.

d) Können Sie das bitte noch schriftlich bestätigen?

e) Es gibt noch einige Punkte, über die wir sprechen sollten.

f) An Ihrer Stelle würde ich mir das gut überlegen.

g) Im Augenblick kann ich dazu noch nichts Konkretes sagen.

h) Entschuldigen Sie, wenn ich Sie unterbreche, aber habe ich Sie da richtig verstanden?

i) Ich würde es vorziehen, direkt mit Ihrer Firma zu verhandeln.

j) Ich denke, wir sind uns im Wesentlichen einig.